AF400020

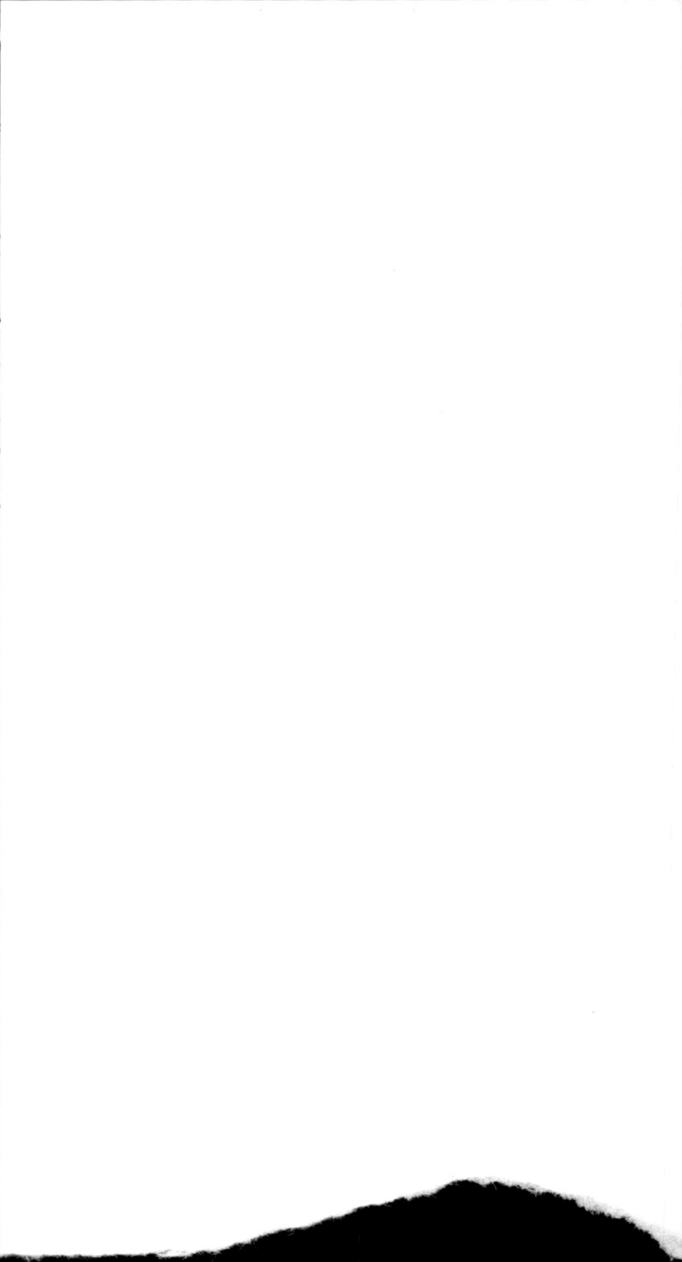

O PRINCÍPIO DE PARETO PARA A GESTÃO EMPRESARIAL

Expandir o seu negócio com a regra 80/20

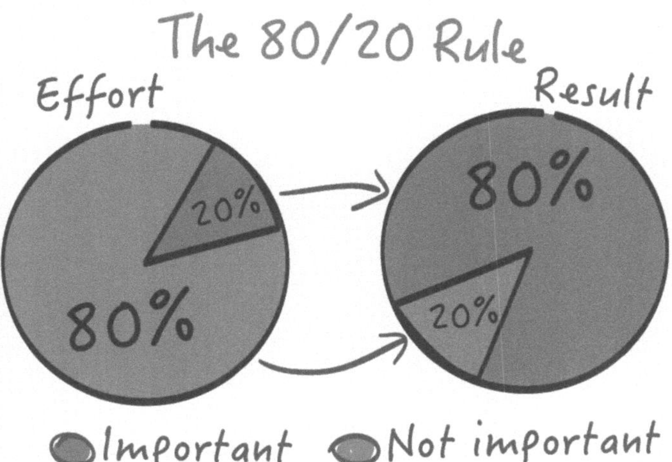

O PRINCÍPIO DE PARETO PARA A GESTÃO EMPRESARIAL

Expandir o seu negócio com a regra 80/20

escrito por Antoine Delers
traduzido por Alva Silva

O PRINCÍPIO DE PARETO PARA A GESTÃO EMPRESARIAL

INFORMAÇÃO CHAVE

- **Nomes:** o princípio de Pareto, a regra de Pareto, a lei de Pareto, a regra 80/20, a lei dos poucos vitais.

- **Utilizações:**

  - Economia: gestão empresarial (gestão da qualidade, gestão de clientes, gestão da produção, controlo de stocks, recursos humanos, etc.), criação de estratégias comerciais e de marketing, etc.

  - Física, sociologia e estatística.

  - Esfera privada: gestão do tempo, organização de tarefas, etc.

- **Por que é bem sucedido?** De acordo com o princípio de Pareto, "80% dos efeitos são o produto de 20% das causas". Esta proporção permite identificar rapidamente a parte essencial de qualquer atividade. O modelo encontra-se em muitas áreas da vida quotidiana e no mundo empresarial: por exemplo, quando uma empresa quer identificar os clientes que geram a maior parte das receitas. Se o rácio 80/20 for considerado, a empresa pode concentrar-se nos 20% dos clientes que geram 80% do seu volume de negócios para tentar mantê-los.

- **Palavras-chave:** Vilfredo Pareto, o princípio de Pareto, a regra 80/20, análise ABC, volume de negócios, Joseph Juran, gestão do tempo, relações com clientes, marketing de relacionamento, CRM, gráfico de Pareto, teoria da cauda longa, eficiência de Pareto.

INTRODUÇÃO

História

O princípio de Pareto é um instrumento de análise e decisão criado por Vilfredo Pareto (1848-1923) no final do século XIX (em 1897, para ser mais preciso). O economista e sociólogo italiano, que estudou na Universidade Politécnica de Turim em Itália, é considerado o pai fundador do que é hoje conhecido como o Princípio de Pareto. Ao estudar a riqueza do seu país, descobriu que apenas 20% das pessoas possuíam 80% da riqueza total. Aplicou então esta lei a outros estados como a Rússia, França e Suíça e encontrou os mesmos resultados.

Contudo, só nos anos 40 é que Joseph Juran (1904-2008), um engenheiro americano que trabalha na gestão da qualidade, reconheceu a teoria 80/20 e atribuiu-a a Vilfredo Pareto.

Definição do modelo

O princípio de Pareto provém da observação de que 20% das causas são responsáveis por 80% dos efeitos. Por outras palavras, no mundo dos negócios, 20% dos clientes são responsáveis por 80% do volume de negócios.

Ao identificar estes 20% (os clientes mais importantes), as empresas podem prestar-lhes mais atenção para poupar tempo e dinheiro. De acordo com Joseph Juran, o princípio de Pareto pode ser aplicado universalmente no domínio empresarial e pode ser encontrado em todos os sectores da sociedade. Pode mesmo utilizar o princípio na maioria das áreas da vida quotidiana. No entanto, veremos que, tanto nos negócios como noutras áreas, a relação 80/20 nem sempre é respeitada, mas dá uma ideia da realidade.

TEORIA

CONTEXTO INICIAL

Na década de 1940, Joseph Juran observou que uma minoria de falhas causou a maioria dos problemas na linha de produção. Reconhecendo rapidamente a relação 80/20 (80% dos problemas são causados por 20% das falhas), atribuiu esta teoria a Vilfredo Pareto no início do século XX. Joseph Juran, durante a sua investigação sobre gestão da qualidade, mostrou que as causas podem ser separadas em dois grupos: as que são vitais (neste caso, 20% das falhas) e as que são secundárias, representando os restantes 80%. Ao isolar as falhas mais problemáticas (as que causam 80% dos problemas) Joseph Juran poderia concentrar-se mais nestas e reduzir significativamente os problemas na linha de produção.

 **É BOM SABER**

O princípio de Joseph Juran foi originalmente chamado "os poucos vitais e muitos triviais". Apesar da considerável contribuição do economista, o conceito é geralmente recordado como o 'princípio de Pareto', provavelmente porque soa melhor do que o nome dado por Joseph Juran.

APLICAÇÕES EM NEGÓCIOS

Atualmente, o princípio de Pareto tem muitas aplicações nos negócios e em áreas de gestão pessoal e na procura de eficiência. As aplicações nos negócios são principalmente utilizadas para a gestão de clientes e recursos humanos. Por exemplo, 20% dos empregados produzem 80% do trabalho. Mas também é utilizado em estratégias empresariais, sabendo que 20% dos produtos geram 80% dos lucros. Neste livro vamos discutir em profundidade a aplicação deste princípio ao sector empresarial. Os pontos que se seguem apresentam as muitas utilizações diferentes de uma forma clara e sucinta para o ajudar a compreender o princípio de Pareto.

O princípio de Pareto como ferramenta no marketing de relacionamento

Como já mencionámos, uma das aplicações mais importantes do princípio de Pareto é a gestão de clientes de uma empresa. Muitos estudos mostram que 20% dos clientes são responsáveis por 80% das vendas. Estes clientes são os mais importantes para a empresa. Por conseguinte, é melhor torná-los clientes fiéis, a fim de assegurar a máxima retenção, particularmente através do marketing de relacionamento.

 **É BOM SABER**

O marketing de relacionamento é uma ferramenta que lhe permite criar e manter uma relação entre uma marca e os seus clientes através da atribuição de brindes ou descontos, ou através de convites ou conselhos. O objetivo é desenvolver uma relação a longo prazo com os clientes, uma vez que os custos de retenção são mais baixos em comparação com os custos de atração de novos clientes.

Outra aplicação do princípio de Pareto é a gestão da relação com os clientes: 20% dos clientes são a fonte de 80% das queixas. Se os 20% de clientes utilizados no exemplo acima forem os mesmos que estes 20%, a empresa não terá qualquer dificuldade em satisfazer as suas exigências, uma vez que já está a concentrar-se na sua retenção. Infelizmente, este raramente é o caso: os 20% de clientes importantes raramente são os mesmos que os 20% responsáveis por 80% das reclamações. Neste caso, é mais difícil para a empresa identificar claramente cada categoria de clientes e atribuir-lhes a maior parte da atenção. A empresa deve então decidir sobre a sua prioridade e escolher entre gestão de receitas e gestão de reclamações (gerando satisfação do cliente).

O princípio de Pareto como instrumento de controlo de qualidade

Uma segunda aplicação, utilizada por Joseph Juran, é a de controlo e gestão da qualidade numa linha de produção. Se 20% das falhas causarem 80% dos problemas, a empresa pode concentrar os seus esforços na resolução das falhas em questão, a fim de melhorar a qualidade. Outras aplicações semelhantes são igualmente válidas:

- 20% do tempo de preparação da máquina pode resolver 80% dos problemas;

- 20% da linha de produção é responsável por 80% do produto final.

Outros usos do princípio de Pareto

- Ferramenta de gestão pessoal: 20% do trabalho produz 80% dos resultados.

- Ferramenta de gestão do risco: 20% dos riscos causam 80% das consequências.

- Ferramenta de gestão logística: 20% dos produtos geram 80% dos custos de armazenamento.

- Ferramenta de gestão de stocks: 20% do número total de produtos representa 80% do valor total do stock.

- Ferramenta de gestão de vendas: 20% dos produtos geram 80% dos lucros, etc.

E SE A REGRA FOSSE UTILIZADA REGULARMENTE?

E se o princípio de Pareto fosse sempre utilizado nos negócios de hoje? Deveríamos aproximar-nos o mais possível da relação 80/20 para sobreviver?

Tomemos o exemplo já estudado: uma empresa, depois de estudar a sua base de clientes, descobre que apenas 10% dos seus clientes são responsáveis por 90% do seu volume de negócios. Esta situação é bastante preocupante, uma vez que o seu capital de clientes-chave é baixo. Se a empresa perdesse apenas alguns deles, as suas receitas diminuiriam drasticamente. Neste caso, afastar-se da regra 80/20 poderia ser fatal para a empresa. Há duas soluções possíveis:

- Ou a empresa decide cuidar dos seus principais clientes para os reter, mas esta solução simplista não resolve os seus problemas, porque o seu futuro depende completamente destes clientes;

- Ou, feito ao lado da primeira opção, a empresa opta por reter os outros clientes para encontrar um melhor equilíbrio. Neste ponto, é interessante pensar em como reter os clientes de modo a regressar a um rácio médio mais seguro.

O segundo exemplo mostra que o afastamento da norma não é necessariamente prejudicial para a empresa. Imagine essa mesma empresa que, após o estudo dos seus clientes, observa que não tem clientes principais e 30% dos seus compradores mais importantes geram 70% do seu volume de negócios. Embora próxima da regra 80/20 (mas ainda não atingindo um equilíbrio de Pareto) a empresa está em menos dificuldades do que no cenário anterior. É claro que a atividade está provavelmente dispersa, mas a perda de alguns clientes não afetaria a situação tanto como afetaria com a relação 90/10 e não é motivo de preocupação. Contudo, poderia ser problemático em termos de custo por cliente se o número de clientes for maior: os custos de gestão e comunicação dos clientes são, de facto, mais elevados. Neste caso, o restabelecimento do equilíbrio 80/20 conduziria ao sucesso futuro.

A adaptação do princípio de Pareto para atingir a relação 80/20 não é um objetivo em si mesmo. Tudo depende da atividade da empresa e do seu sector. É provável que uma empresa de supermercados tenha muitos pequenos clientes, como é normal para o sector, enquanto um fabricante de aeronaves tem menos clientes, mas estes são inevitavelmente maiores. Por conseguinte, o sector influencia a proporção utilizada no princípio de Pareto, e nem sempre deve ser 80/20.

 **É BOM SABER**

Existem diferentes tipos de comunicação comercial com os clientes. O primeiro é o marketing em massa para todos os consumidores, considerados como "consumidores médios". O segundo é o marketing one-to-one dirigido a cada cliente individual, oferecendo produtos personalizados. Este método de abordagem ao cliente é definitivamente mais interessante, mas é também o mais caro. Finalmente, existem outros tipos de comunicação intermédia, tais como o marketing diferenciado, que visa uma grande parte do mercado, ou o marketing concentrado, que se centra apenas num pequeno nicho de mercado.

VANTAGENS DO PRINCÍPIO DE PARETO

Há inúmeras vantagens em utilizar o princípio de Pareto. A maioria delas já foi mencionada em capítulos anteriores. Uma empresa que conhece o seu rácio

Pareto para cada departamento pode melhorar a sua eficácia, nomeadamente fazendo o seguinte:

- Gerir melhor os seus riscos. Ao conhecer os riscos mais importantes e os que são fáceis de corrigir, uma empresa pode concentrar-se no seu negócio principal.

- Conhecer melhor os seus clientes. Uma empresa pode definir a sua estratégia de comunicação e visar os consumidores mais importantes. É importante conhecer as características de 20% dos maiores clientes, incluindo de onde são, a sua indústria (no caso dos profissionais) ou a sua idade e sexo (no caso dos indivíduos). Ao fazer isto, pode criar novas perspetivas que correspondam às características. Os consumidores-alvo são semelhantes aos melhores clientes; a empresa tem mais hipóteses de os trazer da fase de prospeção para a fase de consumo.

- Limitação de custos. Numa linha de produção, saber quais os pontos que consomem mais energia mas têm o menor rendimento pode permitir à empresa adaptar, remover ou modificar os elementos mais caros.

- Limitando a perda de tempo. Ao saber quais são as atividades mais produtivas, um gestor pode concentrar-se nelas para melhorar o seu desempenho.

LIMITAÇÕES E EXTENSÕES

LIMITAÇÕES E CRÍTICAS

O princípio de Pareto, apesar do seu carácter universal, nem sempre é verdadeiro para todos os sectores e todos os departamentos. Já vimos um exemplo de limite com os supermercados, uma área onde é improvável que 20% dos clientes representem 80% das vendas. O modelo deve ser adaptado ao sector e ao departamento da empresa em questão. Podemos destacar duas críticas: em primeiro lugar, a relação 80/20 nem sempre é observada na realidade. Em segundo lugar, a concentração nos 20% nem sempre é a melhor solução.

Um modelo impreciso

A primeira crítica ao princípio aponta para o facto de não ser cientificamente correto. Obter uma relação 80/20 para cada departamento de uma empresa é na realidade impossível. No entanto, a ideia original do modelo não é contraditória. Na teoria de Joseph Juran, os efeitos devem ser separados em dois grupos. O primeiro grupo inclui os efeitos que são em número reduzido, mas que têm consequências significativas. O segundo grupo inclui os efeitos que são numerosos, mas que têm consequências limitadas. Se estes grupos não corresponderem exatamente a 20% e 80%, podem ser utilizados rácios de 10/90 ou 5/95, sendo mesmo a norma em algumas situações.

Um modelo ineficiente

A segunda crítica diz respeito à eficácia relativa do princípio de Pareto. Se 80% dos produtos da empresa não são vendidos com muita frequência, ainda podem representar uma margem de vendas considerável (digamos 20%). Se os custos de armazenamento destes produtos forem baixos, a empresa pode permitir-se continuar a vendê-los, mesmo que atraiam menos clientes. Veremos no ponto seguinte que o princípio de Pareto está ligado a outro princípio importante chamado a teoria da Cauda Longa.

MODELOS E EXTENSÕES RELACIONADAS

O modelo ABC

O modelo ABC é uma melhoria em relação ao princípio de Pareto. O novo modelo argumenta que, com o princípio de Pareto, as categorias intermédias são ignoradas e é difícil julgar a sua importância. Ao classificar os efeitos em três categorias (A, B e C), uma empresa não negligencia os efeitos que são menos importantes do que os 20% superiores, e reconhece a sua importância em termos de consequências. As três classes podem ser divididas desta forma:

• Classe A: 20% dos clientes que representam 80% das vendas;

- Classe B: 30% dos clientes que representam 15% das vendas;

- Classe C: 50% dos clientes que representam 5% das vendas.

A classe B é arriscada, uma vez que investir ali tempo e dinheiro pode ou não ser valioso. Uma vez que estes fatores foram negligenciados por Pareto, o modelo ABC é mais preciso e tem em conta as categorias intermédias.

A teoria da Cauda Longa

A teoria da Cauda Longa está relacionada com o princípio de Pareto e complementa-o. Este modelo distribui as receitas de uma empresa por todos os seus produtos, incluindo bens específicos, que representam uma parte importante do volume de negócios e se caracterizam por isso:

- baixas vendas de produtos específicos

- um elevado número de produtos especiais (frequentemente mais de 80% do número total de produtos).

No caso de um livreiro, por exemplo, os produtos específicos dizem respeito às obras publicadas que apenas vendem alguns exemplares por ano. Dados os custos e o espaço necessário para o stock, é impossível para um livreiro oferecer apenas esses livros. Deve concentrar-se nos livros que vendem bem, tais como os best-sellers, para alcançar um equilíbrio.

A ligação com o princípio de Pareto é o facto de que, aqui, apenas uma minoria de artigos representa a maioria das vendas. Um negócio tradicional deve concentrar-se nestes produtos. No entanto, os sites de comércio eletrónico são uma exceção.

 ## É BOM SABER

O comércio eletrónico, também conhecido como e-commerce, limita os custos de armazenamento do produto, uma vez que não tinham de ser expostos nas lojas, apenas estocados num armazém. Os e-merchants podem assim oferecer uma maior gama de produtos para venda. O comércio eletrónico também permite à empresa alargar a sua área de influência a custos mais baixos.

Ao seguirmos o princípio de Pareto, não devemos concentrar-nos apenas nos 20% mais importantes. A teoria da Cauda Longa no comércio eletrónico permite considerar os restantes 80%, uma vez que o custo adicional é mínimo e o rendimento é elevado. A Amazon é um exemplo perfeito da teoria da Cauda Longa. Sendo um site de comércio eletrónico, a empresa pode oferecer um número impressionante de publicações que anteriormente eram difíceis de encontrar nas lojas. Embora este caso beneficie dos dados disponíveis na Internet, continua a ser um exemplo óbvio dos limites do princípio de Pareto. Como se pode ver, pode ser benéfico para algumas empresas concentrarem-se em mais de 20% dos produtos que geram mais vendas.

APLICAÇÃO PRÁTICA

Neste capítulo, vamos aplicar o que aprendemos até agora. Começaremos por criar um gráfico de Pareto, que é útil para identificar visualmente os 20% mais importantes. O exemplo é sobre um fornecedor e os seus clientes e é intencionalmente simplista para facilitar a sua compreensão. Um estudo de caso mais abrangente pode ser encontrado no final deste capítulo.

FORMATAÇÃO DE UMA TABELA

O primeiro passo é a preparação de uma mesa. Como queremos encontrar os 20% mais importantes, é aconselhável ordenar os dados por ordem decrescente para discernir imediatamente os elementos de interesse.

Na primeira coluna, escrever uma lista de fatores a observar (por exemplo, uma lista de clientes). Na segunda coluna, devem existir variáveis que correspondam a isto (por exemplo, o montante de dinheiro gasto por clientes individuais).

Depois temos de calcular a percentagem de cada objeto (neste caso, cada cliente) e a percentagem acumulada. Esta percentagem traçará uma linha de percentagens cumulativas no gráfico de Pareto. Ao adicionar todos os dados, surgirá o limiar de 80%.

 É BOM SABER

Nem sempre é fácil identificar estes clientes porque há tantos indivíduos no sector retalhista. As empresas ainda podem desenvolver formas de adquirir uma base de dados de clientes fiáveis; a utilização de um cartão de fidelidade é um excelente exemplo.

CRIAÇÃO DO GRÁFICO

Devemos agora desenhar o gráfico (por exemplo, utilizando o Excel). O gráfico é normalmente emparelhado com um gráfico de linha de uma curva de valores que representa a última coluna da tabela. Esta abordagem é opcional: é possível discutir os resultados simplesmente a partir de uma tabela.

É BOM SABER

Para criar este gráfico usando Excel, recomendamos a utilização de um gráfico com dois eixos verticais (um eixo maior à esquerda e um eixo menor à direita) para mostrar os dois tipos de dados solicitados. Se este tipo de gráfico não estiver disponível, poderá fazer:

- Traçar o histograma com os dados brutos de vendas (segunda coluna) para os colocar no eixo principal à esquerda do gráfico.

- Depois, trace as percentagens incluindo as percentagens acumuladas como uma nova série no seu gráfico. Altere o tipo de gráfico apenas para esses dados (por exemplo, escolhendo o gráfico 'linha com marcadores') e coloque-os no eixo secundário (à direita).

- Formatar a disposição e adicionar títulos aos eixos e ao gráfico. Finalmente, alterar as cores e adicionar etiquetas de dados aos seus eixos, tais como a exibição de percentagens acumuladas no seu gráfico.

IDENTIFICAR OS 20% MAIS IMPORTANTES

Na terceira etapa, interpretaremos o gráfico (e/ou a tabela) para identificar os 20% mais importantes. No caso dos clientes, podemos identificar facilmente o total de vendas geradas por um determinado cliente. O resultado não corresponde necessariamente à regra 80/20, mas é importante conhecer os fatores que afetam cada uma das áreas estudadas.

Observações iniciais

* Aproximadamente 20% dos clientes (A, B, C e D) geram 76% do volume de negócios (um rácio próximo do 80/20 de Pareto).

* A maior parte da atenção do vendedor deve ser dedicada à retenção destes clientes importantes.

* O método ABC não negligencia os fatores intermédios que, neste caso, constituem quase 20% do volume de negócios.

TOMAR MEDIDAS

Cursos de ação

O passo final implica tomar medidas baseadas nos resultados para melhorar o rendimento das estratégias empresariais. Várias medidas podem ser implementadas:

- correção de problemas numa fábrica;
- recompensando os empregados altamente produtivos;
- identificação de perspetivas;
- retenção de clientes, etc.

A retenção de clientes pode ser feita através de publicidade, promoções personalizadas ou outras estratégias de retenção. Por exemplo, uma empresa poderia convidar clientes para uma feira comercial.

Para completar este exemplo, podemos imaginar que o nosso vendedor porta-a-porta, que identificou quatro clientes e implementou uma estratégia de retenção, decidiu procurar novas perspetivas para aumentar o seu volume de negócios. Para atingir este novo objetivo, ele pode utilizar uma ferramenta particular chamada 'segmentação RFM'.

Segmentação RFM: recência, frequência e valor monetário

A segmentação RFM é um tipo de segmentação descritiva baseada no comportamento passado dos compradores e é utilizada para compreender as perspetivas futuras. Classifica os perfis dos clientes com base em três critérios:

- A data de compra. Quanto mais recente for, maior será a sua classificação.

- A frequência das compras. Quanto mais frequentemente um cliente compra, maior é a sua classificação.

- O montante das compras. Quanto mais itens o cliente comprar, maior será a sua classificação (isto coloca-os imediatamente na categoria mais alta).

Recomendações

- Não vale a pena utilizar o princípio de Pareto se não se quiser tomar medidas.

- O método não é exato, já que alguns sectores não deveriam necessariamente ter uma relação 80/20.

- O princípio de Pareto não pode ser utilizado em todos os sectores.

- Este método não considera valores intermédios.

- Como vimos com a teoria da Cauda Longa no comércio eletrónico, os valores menos frequentes podem ser benéficos em alguns casos.

ESTUDO DE CASO – UMA LINHA DE PRODUÇÃO

Introdução ao problema

O nosso estudo de caso fictício diz respeito a uma indústria e à sua linha de produção. Nesta empresa, a linha de produção está a sofrer interrupções recorrentes ao longo de todo o ano. Em conjunto, somam um total de 1033 horas, ou seja, pouco mais de um mês de inatividade. Para compensar a perda de horas de trabalho, o gestor, que notou que a dinâmica não era lógica, identifica cerca de dez causas comuns de paragem da linha. Ele estima então um tempo médio de paragem (em horas) e fornece uma contagem de ocorrências para cada causa. Usando o princípio de Pareto, espera identificar os principais fatores que perturbam a linha de produção.

Formatação da tabela e do gráfico

- A primeira coluna mostra os problemas identificados na fábrica. Os dados entre parênteses são o número de horas de inatividade causadas por cada problema.

- Na segunda coluna, é listado o número de ocorrências. No total, são 230.

- A terceira coluna mostra, por ordem decrescente, os resultados da multiplicação do número de ocorrências pelo número de horas que cada paragem provoca. Isto dá o número total de horas de inatividade causadas por cada problema. Estes dados serão utilizados para traçar as barras no gráfico de Pareto.

- A quarta coluna detalha a percentagem do total de horas de trabalho perdidas e a última coluna mostra as percentagens acumuladas.

Identificar os fatores importantes

O princípio de Pareto funciona particularmente bem neste caso, porque uma minoria de fatores causa a maioria dos problemas. Especificamente, quase 30% dos fatores causam 72% dos atrasos na linha de produção. Note-se que existem dois outros rácios próximos dos 80/20:

- ao considerar as duas maiores causas (20%), a percentagem de atrasos é de 63%;

- ao considerar os quatro maiores problemas (40%), a percentagem de atrasos é de 80%.

Então, **qual é a melhor relação?** Esta pergunta é difícil de responder. Contudo, é evidente que a razão média de 30% dos fatores que causam 72% dos atrasos é a que está mais próxima do princípio de Pareto.

Infelizmente, isto não resolve todos os problemas:

- em primeiro lugar, ficamos com muitos fatores problemáticos a ajustar, mas a escolha de nos concentrarmos no primeiro rácio (duas questões principais) permitir-nos-ia concentrarmo-nos numa minoria de causas que causam o número máximo de consequências, que é precisamente o objetivo do princípio de Pareto;

- em segundo lugar, se o gestor da fábrica quiser resolver o maior número possível de problemas, tem todos os motivos para se concentrar na terceira razão, corrigindo 40% das causas que causam 80% dos atrasos na linha de produção.

CONCLUSÃO

No nosso exemplo, observámos uma linha de produção afetada por atrasos significativos e recorrentes. Este exemplo, apesar de fictício, pode facilmente ser adaptado a todas as áreas de uma empresa (produção, maquinaria, empregados, clientes, etc.). Ao identificar os problemas mais importantes, uma empresa pode encontrar soluções para minimizar os seus esforços e maximizar os resultados.

Com a ajuda do princípio de Pareto e do modelo ABC, as empresas podem pensar de forma diferente e concentrar-se nos problemas mais importantes, mantendo ao mesmo tempo o controlo da sua atividade principal. Uma vez que assumimos que 'tempo é dinheiro', podemos facilmente imaginar que cada empresário e cada pessoa envolvida numa empresa pode otimizar os processos existentes para se manterem competitivos. O mesmo se aplica a alguns indivíduos aos quais o princípio de Pareto é aplicável.

RESUMO

- O princípio de Pareto é uma ferramenta universal que mostra que 20% das causas levam a 80% dos efeitos. Ao identificar estas causas, uma organização pode facilmente controlar os efeitos mais importantes.

- Há muitas aplicações deste princípio. Dizem respeito não só a empresas que visam a produtividade ou relações com clientes, mas também a muitas áreas da vida quotidiana, tais como a gestão de um agregado familiar.

- Uma aplicação concreta do princípio de Pareto é a gestão de clientes de uma empresa. Num negócio tradicional, 20% dos clientes geram geralmente 80% das vendas. Ao identificar estes clientes, a empresa pode concentrar-se neles para melhorar a rentabilidade.

- O modelo ABC está relacionado com o princípio de Pareto. Melhora-o, tendo em conta as categorias intermédias, que também geram efeitos. Estas categorias intermédias são menos importantes, mas ainda assim vale a pena considerar.

- A teoria da Cauda Longa é também um conceito complementar ao princípio de Pareto, principalmente no que diz respeito às vendas em linha. A relação 80/20 é verificada e uma empresa que pode reduzir os seus custos, particularmente com a Internet, pode dar-se ao luxo de não se concentrar apenas nos 20% mais importantes, mas em toda a sua mercadoria, mesmo nos produtos que vendem menos.

- Finalmente, a lei de Pareto pode ser facilmente posta em prática com tabelas e gráficos. Estes fornecem uma visão abrangente do problema e identificam os efeitos. A empresa, organização ou simplesmente o agregado familiar em questão pode então concentrar-se na tomada de medidas para melhorar a eficiência e rentabilidade.

BIBLIOGRAFIA

Anderson, C. (2006) *The Long Tail: Why the Future of Business Is Selling Less of More*. Nova Iorque: Hyperion.

MelhorExplicar. (2007) *Compreender o Princípio de Pareto (A Regra 80/20)*. [Em linha]. [Acedido em 22 de Maio de 2014]. Disponível a partir de: <http://betterexplained.com/articles/understanding-the-pareto-principle-the-8020-rule/>

Cotter, J. J. (1995) *The 20% Solution*. Hoboken: John Wiley & Sons.

Coyne, S. (2012) O Princípio de Pareto Encontra a Cauda Longa. *Steven Pressfield Online*. [Online]. [Acedido a 22 de Maio de 2014]. Disponível a partir de: <http://www.stevenpressfield.com/2012/11/the-pareto-principle-meets-the-long-tail/>

Dufour, L. (Sem data) Efficacité du dirigeant : qu'est-ce que la loi de Pareto? *Le Blog du Dirigeant*. [Online]. [Acedido a 22 de Maio de 2014]. Disponível a partir de: <http://leblogdudirigeant.com/efficacite-du-dirigeant-quest-ce-que-la-loi-de-pareto/>

Juran, J. M. (1951) *Quality Control Handbook*. New-York: McGraw-Hill.

Koch, R. (1998) *O Princípio 80/20*. Londres: Nicholas Brealey Publishing.

Le Site des Profs de Vente et de Commerce. (Sem data) *Les techniques et stratégies de prospection*. [Online]. [Acedido

em 22 de Maio de 2014]. Disponível a partir de: <http://
www.lescoursdevente.fr/bacvente/Prospection/Des%20
outils%20de%20segmentation%20des%20clients-pros-
pects,%20Pareto,%20ABC,%20RFM.pdf>

Montanaro, L. (2012) O Poder do Princípio de Pareto (aka a
Regra 80/20). *Lisa Montanaro.* [Online]. [Acedido a 22 de
Maio de 2014]. Disponível a partir de: <http://www.lisa-
montanaro.com/2012/03/16/the-power-of-the-pareto-
-principle-aka-the-8020-rule/>

Reh, J. F. (2016) Princípio de Pareto – A Regra 80-20. *o equilíbrio.* [Online]. [Acedido a 22 de Maio de 2014]. Disponível
a partir de: <https://www.thebalance.com/pareto-s-prin-
ciple-the-80-20-rule-2275148>

Villemin, G. (Sem data) Loi de Pareto', in Nombres –
Curiosités, théories et usages. [Online]. [Acesso em 22
de Maio de 2014]. Disponível a partir de: <http://villemin.
gerard.free.fr/aSocial/Pareto.htm>

FONTES ADICIONAIS

Hale, A. (Sem data) O Problema com o Princípio de Pareto.
Formação para o Desenvolvimento Pessoal. [Online]. [Acedido
em 22 de Maio de 2014]. Disponível a partir de: <http://
sidsavara.com/personal-productivity/the-problem-wi-
th-the-pareto-principle>

Marshall, P. (2013) *80/20 Vendas e Marketing.* Irvine: Imprensa
Empreendedora.

Queremos ouvir de si!
Deixe um comentário sobre a sua biblioteca online
e partilhe os seus livros favoritos nas redes sociais!

IMPROVE YOUR GENERAL KNOWLEDGE

IN THE BLINK OF AN EYE!

www.50minutes.com

A editora assegura a fiabilidade da informação publicada, a
qual, no entanto, não poderia assumir a sua responsabilidade.

Mestre ISBN: 9782808065627
Papel ISBN: 9782808065917
Depósito legal: D/2022/12603/120

Desenho digital: Primento,
o parceiro digital dos editores.